L'ÉCOLE

DU

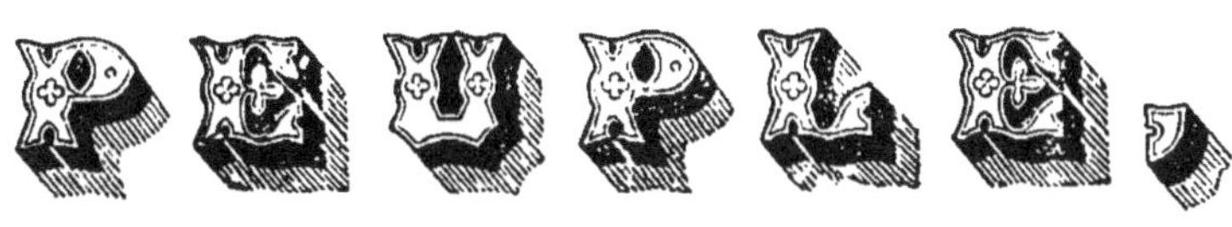

PAR

G. CHATELU,

ENFANT DU PEUPLE.

PRIX : 75 CENTIMES.

Paris,

SE TROUVE CHEZ L'AUTEUR, RUE DU CANAL-SAINT-MARTIN, N° 11 ;

Et chez tous les Libraires de Paris.

1848

Citoyens,

La liberté que nous venons de conquérir, et la République sous laquelle nous vivons nous donnent le droit de nous unir entre nous par des biens indissolubles, dans un principe cimenté par l'égalité des peuples, et qui nous ramène à cette belle nature.

Nous devons secours aux malheureux et protection aux faibles, mais pour que chaque Citoyen puisse prendre part aux bienfaits devenus indispensables, l'ouvrier dans sa partie doit s'unir et former les branches de cet arbre que nous appelons liberté, cet arbre à l'ombrage duquel l'humanité entière doit reposer en paix et cultiver son âme dans les champs de la sublime vertu que la philosophie a défrichée.

Unissons-nous dans le but seul de nous soustraire à la misère par un travail plein d'activité, donnons notre jeunesse à ce travail, et qu'une loi dictée par la sagesse nous assure notre pain de chaque jour, et l'asile dû aux Citoyens travailleurs.

C'est alors que l'homme devancera dans cet âge respectable, l'égalité que la mort seule semblait apporter sur la terre.

Vive la République!!

CHAPITRE I.

1er Age.

Dans la tâche que nous nous sommes imposée nous nous faisons une loi de nous retracer les premiers tableaux de notre enfance, dans nos hypothèses, nous ne chercherons pas à lire dans les mystères de la création, mais nous allons parcourir ce premier âge toutefois en retraçant de notre mieux les progrès sensibles que l'homme doit faire dans chaque période.

Ces premières familles errantes vivaient de fruits, se logeaient dans des cavités de rochers ; l'amour les unissaient fortuitement, le besoin de se défendre mutuellement contre leurs ennemis communs cimentait cette union ainsi que l'amitié des pères et mères pour leurs propres enfants ; le feu, cet élément divin, leur vint en aide en développant leur intelligence.

Maîtres de cet élément ils comprirent qu'ils étaient appelés à commander les animaux habitants de la terre, aussi y travaillèrent-ils avec une activité infatigable, la flèche lancée dans les airs d'une main nerveuse porta bientôt la mort dans le sein des paisibles oiseaux, la massue redoutable leur permit de s'attaquer aux animaux les plus féroces ; ivre d'un premier succès ils trouvèrent bientôt le moyen de dompter les plus doux et de les rendre à l'état domestique, ce qui les engagea à se construire des habitations qui les mirent à l'abri des saisons et qui leur permettaient de veiller sur leur fortune qui consistaient en bestiaux, non satisfait de ce grand point, ils sondèrent le sein des eaux et les paisibles habitants de cet élément devinrent une nouvelle proie pour eux.

Au moyen de radeaux ils traversèrent les fleuves et marquèrent leurs passages par les traces de l'incendie. Devenus assez nombreux, et leurs langages naturels ne suffissant plus pour exprimer leurs désirs, le langage articulé se joignit à celui d'action, le feu avait forgé le fer, le fer dans son état de nature devient dans leurs mains l'arme le plus redoutable.

Comme la propagation marchait à pas de géant, les besoins grandissaient et faisaient naître mille inventions que l'homme surpris de son savoir ne cessait d'admirer et de cultiver avec succès; bientôt la nature sauvage se dissipa, c'est alors qu'effrayé par la puissance électrique il reconnu son Créateur, et dans sa reconnaissance il adressa des prières à l'astre vivifiant pour qu'il daigne mûrir ses fruits et réchauffer ses membres engourdis du sommeil.

Ce peuple chasseur quittait sans peine les retraites qu'ils s'étaient données... mais séduit par des contrées où l'aspect flatteur offrait tous les besoins de la vie, ils résolurent de s'y établir en famille, c'est alors qu'ils vécurent dans cet âge que l'ambition a flétri.

CHAPITRE II.

2ᵉ Age.

Sous cet arbre de liberté où rien ne saurait troubler notre repos, nous pouvons ensemble promener nos regards sur ce deuxième âge de la vie, en glissant rapidement sur les crimes

commis par des hommes marqués pour ensanglanter la terre.
Oh ! ne nous attaquons point à leurs crimes ; laissons errer en
paix leurs ombres plaintives ; ces tyrans qui, sous le nom de
conquérants (sont victimes de leurs actions barbares), ne pou-
vaient point goûter en paix le fruit de leurs conquêtes, qui
n'étaient achetées qu'au prix de milliers d'existences.

Il est vrai que la vie d'un pauvre esclave n'était rien pour
eux, et ils ne les regardaient qu'avec mépris ; mais si de
vaines satisfactions venaient flatter leur âme flétrie, la terri-
ble Envie, ennemie de tous vices, fouettait de ses verges de
fer les ignobles passions de ces malheureux, et par des soins
qu'elle apportait dans sa persévérance infatigable, elle faisait
de leur existence (toujours flattée par de bien malheureux intéressés à leurs crimes en les partageant follement), elle faisait, dis-je, de leur existence une carrière de crainte et de
remords.

Nous devons, par respect pour nous-mêmes, invoquer la pos-
térité d'effacer de ses tables de bronze les noms qui dégradent
les fils du Créateur.

Si nous passons rapidement sur ces faits qui révoltent notre
âme vertueuse et belle, arrêtons-nous avec plaisir sur cette
belle et deuxième existence ; contemplons nos premiers pères,
déployons ce rideau où tant de vertu repose et dont la majesté électrise nos sens... où la sagesse nous peint ce que nous
étions et ce que nous devrions être.

Il est nuit... tout repose en silence... un frais zéphyr semble
carresser la terre ; cependant un point lumineux se peint à
l'horison, le chant du coq semble éveiller la nature ; le pâtre
vigilant fait à Dieu sa prière, et bientôt son chant rustique
fait retentir les airs de ses chants d'allégresse... Oh ! ne le
quittons point des yeux, suivons-le dans ces belles prairies,
marchant joyeux à la tête de son blanc troupeau ; avec lui
reposons-nous sous cet arbre, témoin de ses vœux indiscrets :
il est pensif !... Oh ! c'est qu'en ce moment, pénétré des sen-
timents que la vertu lui impose, afin de mériter la main de

son amie d'enfance qui lui a été promise, il réfléchit à son futur bonheur... cette image chérie lui apparaît !... Charmant jeune homme ! il croit la saisir dans l'espace ; mais ses deux mains tremblantes ne couvrent que son front brûlant d'amour !... Un soupir s'échappe de son sein, et la joie renaît sur son beau visage... Qu'il est heureux !... Alors de nouveaux chants... Mais quel est cet enfant au blanc panier ? Tout nous dit que c'est sa jeune sœur ; elle est heureuse et belle ; elle apporte sans doute le repas frugal apprêté par ses soins !... Quelques fruits, du laitage... Mais qui est-ce qui l'intéresse aussi vivement ? Une rose ! doux présent de son amie : il la presse sur son cœur, des larmes mouillent ses yeux .. Le voici paré de cette fleur printannière... Il fait son repas après avoir remercié la Providence.

Nous sommes les seuls témoins de cette scène, car sa jeune sœur, entourée d'agneaux, n'est occupée qu'a donner un baiser à l'un, une caresse à l'autre, et se livre follement aux plaisirs de son âge... Déjà le repas fini ! Une autre fleur a remplacé la rose .. La jeune messagère reçoit un baiser du frère qu'elle aime, et s'en va en chantant. Mais remarquons qu'à peine a-t-elle dépassé la prairie, qu'une jeune fille aux cheveux bouclés la rejoint avec inquiétude... Elle voit la fleur... son teint se colore .. elle est heureuse... possédant la preuve qu'elle n'a point cessé d'être aimée.

Le temps que nous avons suivi notre jeune fille, notre pâtre s'est endormi.,. Il est entouré de son troupeau, et ses deux chiens fidèles sont sans inquiétude, jouissant aussi d'un paisible sommeil. Avançons-nous et contemplons ces chaumières... Oh ! une jeune mère .. qu'elle est pâle... Il est donc aussi des maux... dans cet âge ? Ses yeux, baignés de larmes, sont fixés vers la terre... Un jeune homme, aussi triste qu'elle, mais plus réservé, s'avance lentement... Elle quitte l'enfant qu'elle tient par la main, elle cherche à lire sur le visage du jeune homme. Qu'y lit-elle ? la mort de son fils nouveau-né ! Plus morte que vive, elle veut s'élancer dans la chambre mortuaire, mais le jeune homme, son époux, la reçoit évanouie dans ses bras... Rappelée à la vie par ses soins empressés, leurs larmes se confondent, et leur vieux père vient glisser dans leur âme attristée une sainte et douce consolation.

La nature prévoyante donnera sans doute à ce jeune couple un autre fruit de leur amour, et la joie renaîtra dans cette humble chaumière.

Ici la tristesse !... Mais là est le plaisir ; en effet, voyons cette famille réunie sous ce gros maronnier ; qu'elle nous paraît heureuse ! Ici des jeunes gens occupés à tresser des corbeilles, des nattes, et cette jeune épouse allaitant son enfant ; mon Dieu, avec quel plaisir elle saisit le sens de ses moindres mouvements ! Et ce bon papa, entouré de ses petits enfants, comme il sait bien les égayer ! avec quelle joie il leur rend leurs innocentes caresses... Et cette bonne vieille mère, quelle adresse met-elle à donner les premières leçons de l'équilibre ; mais elle saute !... Qu'ils sont tous heureux !

C'est à regret que nous les quittons : mais ce tableau animé captive nos regards... C'est une fête ! Quelle musique ! Des roseaux, des coquillages, agités par des mains rustiques !... ; Un grand rond... des passes passes... voilà leur danse ! Les vieillards, sans partager leurs jeux, partagent leurs joies... Mais nous voilà revenu dans la prairie où nous avons laissé notre jeune pâtre ! Mais il fait partie des musiciens ! Bravo !... La nuit tombe... Après les plaisirs la prière : les troupeaux rentrent et tout disparaît ! à nos yeux.

Ah ? qui ne voudrait pas vivre dans un tel âge !

CHAPITRE III.

3ᵉ Age.

L'homme avait acquis de l'expérience et du savoir ; ce savoir grandissait dans chaque être nouveau. Après avoir dompté ses ennemis, le plus fort et le plus adroit d'entre eux, flatté par les plus faibles de ses nobles exploits, prit sur eux un certain ascendant ; ses capacités reconnues, il fut appelé à les conduire à la victoire. Voilà un roi !

Le plus faible de tous, mais doué de la plus grande intelligence, indigné de l'ascendant que prenait sur ses frères ce premier roi élu, d'ailleurs ambitionnant la gloire du vainqueur, avisa aux moyens de dompter ce caractère devenu altier sous les preuves de ses hautes considérations qui lui étaient prodiguées. Pour cela, il jette un regard vers le ciel comme pour l'interroger ; cette Majesté divine, que tout mortel admire, le grandit au-dessus de tous, en lui découvrant les règles invariables qui le régénère à chaque période.

En communiquant à ses frères dans une exaltation extrême les secrets qu'il venait de découvrir, il fut d'abord plaint ; mais lorsque la véracité de ces faits fut appréciée, il devint le roi des rois : il méritait de l'être.

De la sainte morale qu'il avait semé, ses disciples intéressés à replonger le monde dans le chaos, afin de s'en faire admirer, par le moyen de nombreux miracles, allumèrent toutes les passions du feu de la discorde ; l'homme désuni innonde bientôt de son sang cette terre à peine formée ; les faibles devenus esclaves et retenus par un saint respect, servirent bientôt d'offrande ou holocauste à la Divinité, pour qu'elle daigne secourir le seigneur et maître de ses malheureux martyrs de la superstition naissante. Enfin ces tyrans de l'humanité, intéressés à detruire l'esclave pour conserver l'esclavage, inventèrent mille tortures pour nourrir le respect qui leur était prodigué.

L'homme, devenu trop nombreux pour se nourrir de ses troupeaux seuls, découvrit dans le sein même de la terre de quoi nourrir sa frêle existence. Bientôt cette surface aride fut sillonnée par de nombreux sillons que les bras seuls traçaient. Dans ces temps reculés, le laboureur n'était point digne de porter les armes. Non, le seigneur, sous l'armure que l'artisan forgeait, se faisait une gloire de mourir en combattant pour l'orgueil d'être admiré ; mais par un simple caprice du maître, le laboureur tiré de ses champs allait comme un lion déchaîné donner ou recevoir la mort dans ces camps de carnage, où rien que son adresse pouvait le garantir des coups de ses adversaires.

L'esprit remuant de ces masses innombrables fit naître le commerce ; le commerce trouva moyen d'aider la mémoire par des signes significatifs ; la musique vient parler à l'âme, et la peinture, de ses traits mâles, vient tracer aux yeux étonnés les images de la simple nature..... Sous tant d'influence le vaisseau sillonna les mers..... Sous de nouveaux ciels, la philosophie fit d'amples moissons, dont les grains bienfaisants germèrent sous le poids de la servitude..... Les astres sont observés, la terre est exploitée, et l'imprimerie, ce flambeau céleste, vient dessiller les yeux d'un monde qui ne savait qu'obéir et se courber sous le joug de l'esclavage, en recevant sans se plaindre les coups de fouet infligés par les ordres de son seigneur, après lui avoir ravi ce qu'il avait de plus cher au monde..... son épouse..... une fille que la nature s'était plu à embellir.

Ce joug honteux fut secoué et repris..... Des milliers de conquérants ravagèrent tour à tour cette terre hospitalière en faisant tonner partout le bronze meurtrier, et ne laissant derrière soi que des traces de fumée et de sang. Les autels du Seigneur furent baignés du sang de leurs victimes, et l'histoire en tremblant traçait ces pages dans le livre de l'immortalité, ces pages, qui font frémir l'humanité entière..... Quel cachot !!!... Enfin, l'esclave éclairé et fatigué de tant de barbaries, brisa ses chaînes que des siècles avaient rivés ; le maître, épouvanté et corrompu par les mollesses des délices, s'enfuit tout poudreux sur un sol protecteur.

Ce sublime effort, miné par les obstacles après s'être couvert d'une gloire immortelle sous les lois de la République, reçut de nouveau les chaînes qu'il avait brisé ; mais le destin, fatigué par de nouveaux crimes et de nouvelles ignominies, jeta ses regards sur cette vieille famille que nous appelons la France, et fit en trois jours ce peuple souverain !

CHAPITRE IV.

Actualité.

Le peuple !..... Ce mot, autrefois prononcé avec tant de mépris, chacun maintenant le prononce avec un certain respect. C'est qu'il a donné les preuves de son pouvoir, de sa vertu et de sa magnimité, jointes au courage le plus sublime..... 1830 fut témoin de cette puissance, de cette bravoure et de cette sublime vertu qui le caractérise.

En Juillet, la République, cette vierge belle et grande, sœur de la liberté, planait en souriant dans ces mémorables trois jours ; mais un roi citoyen s'offrit au peuple, et ce grand vainqueur méprisant la souveraineté, lui tendit ses mains encore teintes du sang de ses bourreaux. La République poussa un profond soupir et laissa tomber quelques larmes brûlantes dans le sein de vertueux citoyens, et s'enveloppa d'un nuage d'azur, en laissant la liberté promise au peuple qui célébrait son triomphe, en faisant retentir les airs du chant divin de la Marseillaise.

Sous ce roi citoyen, la liberté mise au fer poussait des plaintes dont le sol frémissait ; à ces frémissements, le mot de réforme vola de bouche en bouche. Cet élan populaire arrêté dans sa course vint s'asseoir en grondant dans les murs de Paris..... Alors promenant ses regards sur la vieille citée, il sonde les esprits..... Il contemple avec extase tant de vertu sous de vils lambeaux ! A cette vue l'espoir vient lui sourire, il prononce sa volonté..... On s'y oppose..... Vain pouvoir tu devais te briser sur la blouse du peuple !

Enfin le jour marqué, le cri de réforme vola jusqu'au palais des rois ; à ce cri l'exécuteur des volontés royales répondit par des sourires de mépris et frappa au visage ce peuple encore timide et obéissant à ces lois..... Offensé il frappa à son tour ; c'est alors que ce flot populaire marcha en mugissant, renversant tout sur son passage pour satisfaire sa trop juste colère, son roi reçut ses plaintes légitimes..... Sur son passage s'offrit la trahison en habits dorés et dit d'une voix mielleuse : amis, rentrez en paix dans vos familles, vos volontés seront exécutées. A ces mots de paix et de bonheur l'allégresse devint générale, mille feux de joie éclairèrent la population qui refluait de plaisir, et tout rentrait dans l'ordre en nourrissant mille projets de bonheur.

Mais les tyrans déchus effrayés des crimes qui chargeaient leurs consciences, firent dans le but de dissiper ce flot imposant, voler le plomb meurtrier dans les rangs citoyens. A ces détonnations infâmes la République éveillée poussa un cri aigu qui fit trembler les voûtes dorées des palais du vieux roi déchu ; effrayé de nouveau il voulut plier le peuple par la voix de la soumission, mais le peuple abusé, trahi, irrité, fit entendre ces mots : *Il est trop tard !*

La république vainqueur, pour épargner le sang de ses ennemis communs, éleva dans Paris des mille de barricades par les mains du peuple ; après la victoire ce peuple sublime en tout, punissait les voleurs et protégeait avec empressement les martyrs de la discipline militaire.

Le peuple était souverain !.....

CHAPITRE V.

Le peuple est souverain !... Liberté ! Égalité ! Fraternité! voilà sa devise. Devise sublime! Elle est inviolable. Oh ! peuple grand et vertueux, la vertu doit te maintenir sur ton trône; pour cela tu dois respecter la Liberté en t'imposant des lois qui, par leur sagesse, amènent lentement la simple Égalité.

La Fraternité, tu la dois à tes inférieurs, et reçois-la sans la réclamer de tes supérieurs, ils ne te la donneraient qu'avec mépris.

L'Égalité, tu dois travailler sans relâche à te mettre de niveau à tes supérieurs en bons principes seulement, mais non pas en richesses, c'est un vice.

La plus belle richesse que tu puisse posséder, c'est d'aimer ton prochain comme toi-même. Voilà l'homme du peuple !

Souviens-toi que tu dois une dette à la République : cette dette c'est le travail.

N'aie point d'ennemis! L'étranger est sacré pour toi. Dieu veille sur tous.

Nous avons suivi ensemble avec une grande rapidité les siècles ténébreux qui nous ont précédé ; mais dans le siècle où nous vivons, tout n'est que lumière ; nous marchons aux progrès avec la rapidité de l'éclair, nous ne rencontrons plus sur nos boulevards et sur nos places publiques de pauvres affligés par la nature, attendre en grelottant de froid du matin au soir, la tête nue, le front ridé par la misère et par l'âge, l'offrande qu'un bras travailleur ne manque pas de lui donner; nous ne verrons plus des familles entières couvertes de haillons tendre des mains manquant d'ouvrage; non, ce règne despotique est passé : combattons par la raison ceux qui voudraient le faire revivre, et si nous ne sommes pas vainqueurs, tous amis du vrai gouvernement, mourons, s'il le faut sur les débris du monde entier pour le soutenir, et les peuples futurs ne pourront qu'admirer notre sublime courage.

Nous ne pouvons avoir cette crainte; l'organisation du travail sera fondée sur le meilleur principe; les places d'honneur ne sont plus soldées que dans un cas indispensable : les fruits de la terre par un règlement aussi sage que bien fondé, seront assurés aux propriétaires par la République, et ses représentants aussi savants qu'impartials établiront des tarifs qui en donneront les prix que l'urgence rend invariable, comme sera fixé le salaire de chaque citoyen travailleur suivant l'art qu'il cultive.

Nous voyons déjà nos architectes s'occuper des projets de ses vastes maisons hospitalières où l'artisan après sa tâche accomplie viendra se ranger sous le grand foyer de la République.

Ne voyous nous pas ces Lycés nationaux où l'enfant grandira, où l'homme judicieux cultivera les grandes intelligences, et nos campagnes ne seront-elles pas remplies de petits châlets où l'artisan économe et prévoyant pourra vivre très-heureux du fruits de ses économies jointes à la rente que lui fera la République après sa tâche accomplie. Pour arriver à ce but, les cultivateurs intéressés comme ils le sont, travailleront avec assurance et la même activité, vu que toutes récoltes devraient recevoir tous les soins possibles à la charge de l'exploitateur intéressé à livrer chaque mois le douzième de son grain, nos greniers d'abondance seraient abondant et nous n'aurions pas un dixième de grain de perdu, mangé par la vermine; il est vrai que ce dixième porte profit aux cultivateurs vu la grande main-d'œuvre qu'il évite en laissant le grain en gerbes, mais cette main-d'œuvre mise à la charge de la grande famille ne pourrait qu'occuper ses enfants.

Maintenant tout ouvrier sans ouvrage doit travailler par les soins de l'état, il sera donc assuré de son pain, très-bien; jusqu'alors nous pouvons vivre comme nous vivons, sans demander des choses que le temps seul peut amener.

Ne soyons point effrayés des difficultés qui s'offrent à chaque question que l'on peut se faire; l'ouvrier est puissant, le riche et le négociant ne vivent que par lui, c'est par son travail que l'argent circule, cette circulation donne les rentes du riche en multipliant sa fortune. Rien ne paraît plus simple.

Nous pourrions entrer dans des détails qui fondés sur des calculs bien raisonnés nous montreraient où pourrait conduire l'avarice d'un peuple souverain, mais ce traité détruirait nos opinions et nous nous renfermerons dans le cercle étroit que nous nous sommes prescrit.

Voilà nos opinions :

Point de destruction c'est un bien que la grande famille pert.

Protection et encouragement dans tous les arts.

Respect aux lois.

Modification dans les heures de travail.

Protection à tous les étrangers, aux enfants orphelins, veuves et vieillards.

Chaque corps d'état doit former une famille et recevoir dans son sein tout ouvrier errant; c'est un de ses enfants, et sa personne est sacré.

Ces familles doivent être représentées par des délégués non intéressés.

Leurs décisions adoptées ou repoussées par un comité spécial, aux décisions duquel ils devront se conformer.

Point de choses arbitraires, c'est se montrer ennemis de la justice.

Que la République veille sur nous, nous sommes ses enfants, et c'est par nous qu'elle peut fleurir.

Vive la République!!!